ANALIZA KSIĄŻKI

AF142069

Moby Dick

· · · · · · · · · · · · · · · · · ·

HERMAN MELVILLE

ANALIZA KSIĄŻKI

Napisany przez Sophie Urbain
Przetłumaczony przez Kâmil Kowalski

Moby Dick

HERMAN MELVILLE

HERMAN MELVILLE

AUTORKA PRZYGÓD

- **Urodzony w Nowym Jorku w 1819 r.**

- **Zmarł tam w 1891 r.**

- **Godne uwagi prace:**

    - *Pierre; albo, Niejasności* (1852), powieść

    - *Benito Cereno* (1855), powieść

    - *Bartleby, the Scrivener* (1856), powieść

    - *Billy Budd* (1891, wydany pośmiertnie w 1924 roku), powieść

Melville urodził się w rodzinie kupców z klasy średniej w Nowym Jorku. Miał trudne dzieciństwo, w wieku 13 lat musiał poradzić sobie ze śmiercią ojca. W 1841 roku dołączył do załogi wielorybniczej i wyruszył po 18 miesiącach żeglugi, podczas postoju na Markizach, gdzie przez wiele miesięcy mieszkał z plemieniem kanibali. Udało mu się uciec i pływał na różnych wielorybnikach, zanim w 1844 roku wsiadł na amerykański statek wojskowy, który przywiózł go do Bostonu.

Jego morskie przygody stały się inspiracją dla powieści, takich jak *Typee* (1846), która opowiada o jego pobycie na Markizach. *Moby-Dick, czyli Wieloryb* (znany czasem po prostu jako *Moby Dick*) został opublikowany w 1851 roku, ale okazał się kompletną porażką, podobnie jak *Pierre, czyli*

Niejasności (1852). Podobnie było z jego opowiadaniami *Bartleby* (1856) i *Benito Cereno* (1855), które nie odniosły żadnego sukcesu. Aby utrzymać się finansowo, Melville zmuszony był przyjąć posadę celnika w Nowym Jorku. Zmarł w 1891 roku w nędzy i anonimowości.

MOBY-DICK, CZYLI WIELORYB

SYMBOLICZNA ODYSEJA

- **Gatunek:** powieść
- **Wydanie referencyjne:** Melville, H. (1983) *Moby-Dick, or The Whale*. California: University of California Press.
- **Pierwsze wydanie:** 1851
- **Tematyka:** morze, polowanie, wieloryby, wiara, duma, zemsta, walka człowieka ze złem

Moby-Dick, czyli Wieloryb to powieść prawie nie do zdefiniowania, ponieważ eksploruje różne gatunki. Opowiada historię Ismaela, młodego marynarza, który pragnie wrócić na morze i postanawia wejść na pokład wielorybnika. Wraz ze swoim towarzyszem Queequegiem dołączają do *Pequoda*, statku należącego do strasznego kapitana Ahaba. Na morzu kapitan i jego załoga polują na wieloryby, aby zebrać ich cenny olej, który następnie sprzedadzą w porcie. Ahab ma jednak inny cel: chce odnaleźć Moby Dicka, potwornego białego wieloryba, który odciął mu nogę, i zemścić się na nim.

Opublikowana w 1851 roku, zarówno publiczność, jak i krytycy na ogół nie znali *Moby-Dicka; or, The Whale*. Za jedną z najważniejszych powieści literatury amerykańskiej uznano ją dopiero wiele lat po śmierci autora. Mimo to jej późny sukces sprawił, że stała się przedmiotem licznych adaptacji, od kinowych i telewizyjnych po teatralne i literackie.

STRESZCZENIE

CZĘŚĆ PIERWSZA – PRAGNIENIE OCEANU

Ishmael, narrator opowieści, jest młodym marynarzem, który chce wejść na pokład statku, by wyruszyć na polowanie na wieloryby. Podczas swoich poszukiwań odkrywa New Bedford i Nantucket, dwa renomowane porty wielorybnicze w ówczesnych Stanach Zjednoczonych, a także całą atmosferę wielkich portów rybackich: zamglone doki, śpiewające hostele i wypełnione marynarzami czekającymi na odpłynięcie.

W schronisku, w którym postanowił zatrzymać się przed wyruszeniem w podróż, Ismael spotyka Queequega, pochodzącego z południowych wysp harpunnika, pokrytego bliznami na całym ciele i zawsze noszącego przy sobie ludzką głowę i drewnianego bożka. Razem obaj mężczyźni dołączają do *Pequoda*, statku należącego do armatorów Bildada i Pelega, emerytowanych, weteranów żeglarstwa i dowodzonego przez tajemniczego kapitana Ahaba. Przed wypłynięciem spotykają tajemniczą osobę o imieniu Eliasz, zgodnie z przepowiednią, która błaga ich, by nie wchodzili na pokład tego feralnego statku. *Pequod* rzeczywiście ma niepokojący wygląd, udekorowany na całej długości szczątkami swoich wrogów; kości słoniowe i płytki z fiszbinów (paski rogowe zwisają z pałacu walenia) zdobią statek, a sztuczna noga kapitana jest wycięta z kości szczękowej wieloryba zębatego.

CZĘŚĆ DRUGA – TAJEMNICZY KAPITAN

Cała załoga zna historię kapitana Ahaba: podczas poprzedniego rejsu napotkał on monstrualnego białego wieloryba, podążył za nim w morze i stracił nogę podczas walki ze zwierzęciem. Ten biały potwór jest dobrze znany wszystkim wielorybnikom: nazywany jest Moby Dickiem. To właśnie w drugiej części czytelnik ma do czynienia z cetologią, czyli nauką o waleniach.

Z braku możliwości opisania kapitana, który jest zawsze niewidoczny dla załogi, Ishmael daje czytelnikowi informacje o pozostałych członkach załogi, których porównuje do rycerzy i giermków. Są wśród nich oficerowie, którymi są wszyscy Amerykanie, wielorybnicy i zarazem główni oficerowie – Starbuck, Stubb i Flask – oraz ich nadzieja na harpunników, czyli cudzoziemcy – Queequeg, Tashtego i Daggoo. Reszta załogi również składa się z mężczyzn obcego pochodzenia. Dopiero w 28 rozdziale pojawia się kapitan Ahab, dając Izmaelowi szansę na opisanie go.

CZĘŚĆ TRZECIA – POLOWANIE NA WIELORYBA

Po kilku tygodniach żeglugi kapitan Ahab organizuje spotkanie na tyłach statku i ujawnia swoje prawdziwe intencje: nie wyruszyli na polowanie na wieloryba na sprzedaż, lecz tropią Moby Dicka, aby Ahab mógł się zemścić. Kapitanowi, dzięki inspirującej przemowie i pewnej zachęcie finansowej – uncja złota dla pierwszej osoby, która dostrzeże wieloryba – udaje się przekonać mężczyzn do podążenia za nim w podróży, mimo niechęci jego głównego kompana, Starbucka: "Przybyłem tu polować na wieloryby, a nie na zemstę mojego dowódcy. Ile beczek twojej zemsty przyniesie ci nawet, jeśli ją zdobędziesz, kapitanie Ahab?" (rozdział 36).

Pequod napotyka wiele innych statków (The *Albatross, the Tow-Ho, the Jeroboam*, the *Virgin, the Rose-Bud*, the *Samuel Enderby, the Bachelor,* the *Rachel,* the *Delight*), które Ahab prosi o informacje na temat białego wieloryba: czy był ostatnio widziany, a jeśli tak, to kiedy i gdzie.

Czekając na odnalezienie Moby Dicka, *Pequod* płynie i poluje na wieloryby, które spotyka na swojej trasie. Opisy polowania na przemian przybierają ton liryczny i realistyczny, z wątkami dotyczącymi anatomii i zasad działania wielorybów, a także technik stosowanych przy polowaniu i rzeźbieniu wielorybów. Narrator wyjaśnia też, jak wykorzystywane są poszczególne części ciała wieloryba: jego tłuszcz służy do produkcji oleju na świece; jego mięso zjadają marynarze; jego organ spermacet (znajdujący się w głowie) jest zbierany do produkcji wysokiej jakości świec; jego kości i części nieużyteczne służą jako paliwo w kotłach okrętowych. Wszystkie te dygresje nie są zupełnie bezużyteczne dla opowieści: tworzą mitologię na temat wieloryba, a Moby Dicka w szczególności, wzbudzając w czytelniku pragnienie ujrzenia go wyłaniającego się z powierzchni wody, by Ahab mógł wreszcie osiągnąć swój cel.

CZĘŚĆ CZWARTA – OSTATNIE POLOWANIE AHABA

Odkrywszy ślady białego wieloryba, *Pequod* podąża za nim przez trzy dni. Polowanie kończy się walką wręcz, gdy Moby

Dick, otwierając swoją rozwartą paszczę, chwyta wioślarza Ahaba, który chwyta jego ogromną szczękę, by zmusić go do puszczenia. Moby Dick odnosi zwycięstwo: wiele małych łodzi zostaje uszkodzonych już pierwszego dnia, a marynarze wracają na statek przed zmrokiem.

Drugiego dnia Moby Dick stosuje tę samą taktykę: niszczy kilka łodzi wiosłowych i rzuca się na Ahaba, którego noga z kości słoniowej zostaje roztrzaskana w walce. *Pequod* zbiera swoich rozbitków, a cieśla okrętowy zabiera się do pracy, by naprawić złamaną nogę kapitana. Marynarze zauważają również, że Fedallah, harpunnik Ahaba, zniknął. Trzeciego dnia, nie widząc wieloryba, Ahab myśli, że minęli go w nocy i każe im zawrócić. Starbuck, główny oficer, jest przekonany, że zwycięstwo nie jest możliwe w walce z tym potworem i że kontynuowanie tego polowania jest obrazą Boga. Ahab mimo to każe im wypłynąć na wodę w łodziach wiosłowych i wszyscy szukają Moby Dicka na spokojnych wodach morza.

Nagle pojawia się ponownie, wynurzając się z głębin, i jednym uderzeniem ogona rozdziela flotę małych łodzi, rozbijając te należące do dwóch głównych oficerów i pozostawiając nietkniętą łódź Ahaba. Kiedy Ahab ponownie wchodzi do walki, marynarze odkrywają, ku swemu przerażeniu, ciało Fedallaha, które zostało rozerwane na strzępy, zaplątane w liny i harpuny wbite w ciało potwora dzień wcześniej. Ahab jest bardziej zdeterminowany niż kiedykolwiek. Dopływając do boku wieloryba, wystrzeliwuje swój harpun. Moby Dick przetacza się na bok i przewraca łódź Ahaba. Gdy ma zamiar rzucić się na łódź wiosłową, by ją złamać, lina pęka i Moby Dick zmienia kierunek, rzucając się prosto na *Pequoda*, który obserwuje tę scenę z daleka. Ahab spieszy się, by wrócić na statek, ale przód jego łodzi, który został uszkodzony przez Moby Dicka, pęka, wpuszczając wodę. Załoga, która pozostała na statku, widzi nadchodzącego Moby Dicka, który jak fala Sądu Ostatecznego łamie przód *Pequoda*. Rozwścieczony utratą swojego statku, Ahab ponownie wyrzuca swój harpun, ale linia się plącze i Moby Dick rzuca się na kapitana, wciągając go pod pokład. Cała załoga ginie, a za nią statek, który tonie w wodzie.

Tylko Izmael, trzymając się kawałka wraku, jest świadkiem całej sceny i przeżywa ją. Unosząc się na kawałku swojej łodzi, zostaje wyciągnięty z wody przez *Rachelę,* statek, który poszukuje mężczyzn, których stracił na morzu: "W swoich poszukiwaniach po zaginionych dzieciach, znalazła tylko kolejną sierotę" (Epilog). Tylko jedno życie zostało uratowane, jeden świadek historii, jak ta fraza wyjęta z Księgi Hioba (jednej z ksiąg Starego Testamentu) na początku epilogu: "I tylko ja sam uciekam, by ci to opowiedzieć" (Epilog).

STUDIUM POSTACI

GŁÓWNE POSTACIE

Ishmael

Przyciągany przez morze i otwartą wodę, Ishmael chce wejść na pokład łodzi, by polować na wieloryby:

> "Głównym wśród tych motywów była przytłaczająca idea samego wielkiego wieloryba. Taki przenośny i tajemniczy potwór rozbudził całą moją ciekawość. Następnie dzikie i odległe morza, gdzie toczył swoją wyspiarską masę; niedosiężne, bezimienne niebezpieczeństwa wieloryba; to wszystko, wraz ze wszystkimi towarzyszącymi cudami tysiąca patagońskich widoków i dźwięków, pomogło mi ukołysać moje życzenie. [...] Dręczy mnie wieczny świąd rzeczy odległych. Uwielbiam żeglować po zakazanych morzach i lądować na barbarzyńskich wybrzeżach." (rozdział 1).

Jego imię, nawiązujące do Biblii, określa również jego charakter: jest on pustelnikiem, nonkonformistą, wygnańcem, który czuje się wyobcowany przez ludzkie społeczeństwo i ucieka od niego. W Biblii Izmael jest synem Abrahama. Żona tego ostatniego, Sara, nie jest w stanie dać mu potomka, dlatego popycha swoją służącą, Agar, w ramiona męża. Izmael jest produktem tego związku. Jednak później Sarze udaje się w końcu dać Abrahamowi syna, Izaaka. Aby ten syn był jedynym dziedzicem Abrahama, Sara zmusza Agar i jej syna Izmaela do udania się na wygnanie na pustynię.

Ta marginalność pojawia się także w jego wyborze miejsca noclegu na początku powieści: wybiera spokojne, wręcz opuszczone schronisko, podczas gdy mija wiele innych lokali, które są znacznie głośniejsze i żywsze. Izolacja Ismaela przejawia się również w odrzucaniu kontaktów międzyludzkich, zwłaszcza gdy właściciel schroniska mówi mu, że będzie musiał dzielić z kimś łóżko. Początkowo odmawia i wybiera spanie na ławce w hostelowym pokoju wspólnym. Później, na statku, Ishmael nie tworzy żadnych szczególnych więzi z innymi członkami załogi – z wyjątkiem Queequega, swojego współlokatora; jest szczęśliwy po prostu będąc tam, na pokładzie.

Jest świadkiem opowieści, ale nie wydaje się – lub nie chce – brać w niej udziału. Obserwuje działania na pokładzie *Pequoda*, ale akcja zdaje się rozgrywać na jego oczach, bez jego rzeczywistego udziału. Sprawia wrażenie obserwatora, który stacjonuje na statku, by opisać to, co się dzieje.

Ahab

O dużej i wysokiej budowie, jest krzepkim mężczyzną o siwych włosach. Bladobiała blizna zaczyna się na linii włosów i ciągnie się przez całą twarz i szyję, by zniknąć pod ubraniem. Nikt nie wie, czy jest to znamię urodzenia, czy też ślad po dawnym urazie. Straciwszy nogę w poprzedniej walce z Moby Dickiem, nosi protezę wykonaną z kości słoniowej z kości szczękowej wieloryba zębatego. Stukanie tą nogą o pokład statku budzi marynarzy każdej nocy. Jego nieustępliwość i obsesja polowania na Moby Dicka za wszelką cenę sprawia, że siedzi w swojej kajucie, studiuje mapy morskie i na próżno szuka miejsca, w którym mógłby się ukryć ten biały potwór:

"Prawie każdej nocy niektóre znaki ołówka były zamazywane, a inne zastępowane. Mając za sobą mapy wszystkich czterech oceanów, Ahab przemierzał labirynt prądów i wirów, mając na względzie pewniejszą

realizację tego monomańskiego zamysłu swojej duszy. [...] [Achab] znał układy wszystkich pływów i prądów; i w ten sposób obliczał dryfowanie pożywienia wieloryba spermy, a także, przypominając sobie regularne, ustalone pory polowania na niego w danej szerokości geograficznej, mógł dojść do rozsądnych przypuszczeń, niemalże zbliżających się do pewności, co do najwłaściwszego dnia, w którym należy znaleźć się na tym lub innym gruncie w poszukiwaniu swojej ofiary" (rozdział 44).

Ahab pokazuje też swoją skrytość wobec marynarzy, którym nie mówi o prawdziwym celu podróży. Jego plan zostaje ujawniony dopiero w rozdziale 36, gdy *Pequod* odpływa w rozdziale 22. Ponadto Ahab obiecuje nagrodę w postaci złota (dublon) temu, kto pierwszy wskaże białego wieloryba. Czyniąc to, wprowadza do gry osobisty interes żołnierzy, a nie tylko wspólny interes wszystkich. W rzeczywistości każdy członek załogi otrzymuje część zarobków z połowów, w zależności od wykazanych umiejętności i wykonanej pracy na pokładzie. Ahab odwraca więc interes handlowy na rzecz osobistej zemsty.

Dzięki dobrej intrydze i nie tracąc z oczu ostatecznego celu, stary kapitan przez jakiś czas kontynuuje zwykłe polowanie na wieloryby, gdyż wzdłuż drogi, którą muszą podążać do Moby Dicka, marynarze kilkakrotnie wystawiają swoje wielorybniki do wody, by zabić kilka waleni.

Moby Dick

Biały, monstrualny wieloryb zębaty, Moby Dick jest obdarzony talentem do psot:

"Od innych wielorybów spermowych tak bardzo odróżniała go nie tyle jego niepospolita masa, ile, jak to gdzie indziej wyrzucono – osobliwe śnieżnobiałe, pomarszczone czoło oraz wysoki, piramidalny biały garb. [...]. Reszta jego ciała była tak upstrzona, nakrapiana i marmurkowa w

tym samym odcieniu, że w końcu zyskał charakterystyczny przydomek Białego Wieloryba [...]. Ani jego niespotykana wielkość, ani niezwykła barwa, ani też zdeformowana dolna szczęka nie napawały wieloryba naturalnym przerażeniem, lecz raczej niezrównana, inteligentna złośliwość, którą, według szczegółowych relacji, raz po raz okazywał w swoich atakach. Co więcej, jego zdradzieckie odwroty budziły większy niepokój niż cokolwiek innego. [...] tak bardzo zdawało się, że Biały Wieloryb był tak piekielnie dziki, że każde rozczłonkowanie lub śmierć, którą spowodował, nie było w pełni uznawane za zadane przez nierozumnego agenta." (Rozdział 41).

Jest on dla marynarzy, a przede wszystkim dla Ahaba, uosobieniem zła: "Biały Wieloryb pływał przed nim jako monomańskie wcielenie wszystkich tych złośliwych agencji, które niektórzy ludzie z głębi duszy czują, że się w nich żywią, aż zostają przy życiu z połową serca i połową płuc" (rozdział 41). Ahab, któremu ten potwór urwał nogę podczas ostatniej wyprawy na wieloryby, poluje na niego niestrudzenie przez oceany, by dokonać zemsty, ale wieloryb okazuje się potężniejszy.

OFICEROWIE I HARPUNNICY

Starbuck

Pochodzący z Nantucket Starbuck, pierwszy główny oficer statku *Pequod,* jest wysokim, szczupłym i poważnym mężczyzną, którego twarz i ciało naznaczone są licznymi podróżami. Jego skóra jest tak opalona przez ciepłe przeciągi, że przypomina hartowane ciasto biszkoptowe, a on sam wydaje się być: "przygotowany do wytrzymania przez długie wieki, które nadejdą, i do wytrzymania zawsze, tak jak teraz; bo niech to będzie śnieg polarny z gorącym słońcem" (Rozdział 26). Starbuck jako jedyny ma odwagę przeciwstawić się kapitanowi

Ahabowi. Skrupulatny w swojej roli marynarza, wykazuje się sprytnymi przesądami, a jego przepowiednie i przeczucia często okazują się prawdziwe.

Stubb

Pochodzący z Cape Cod Stubb, drugi główny oficer na statku *Pequod,* jest człowiekiem nonszalanckim, ani tchórzliwym, ani odważnym. Wykazuje swoistą obojętność wobec wydarzeń życiowych i przyjmuje niebezpieczeństwo tak, jak ono przychodzi. "So cheerily trudging off with the burden of life" (rozdział 27). Zawsze opanowany, nigdzie nie rusza się bez fajki, która jest nieodłącznym elementem jego wyglądu.

Kolba

Pochodzący z Tisbury Flask jest trzecim głównym oficerem na statku *Pequod.* Jest rudowłosym, niskim i silnym mężczyzną. Nie okazuje żadnego strachu przed wielorybami ani przed niebezpieczeństwem, jakie niesie ze sobą polowanie na nie, nienawidzi ich i uwielbia na nie polować, demonstrując przy tym tak agresywną wściekłość, że można by powiedzieć, iż każdy wieloryb, którego zabił, obraził go osobiście.

Queequeg

Pochodzący z wysp południowego Pacyfiku Queequeg to wysoki mężczyzna, którego ciało pokryte jest tatuażami. Poznaje Ishmaela w schronisku, *The Spouter Inn,* gdy ten zmuszony jest dzielić z nim łóżko z powodu braku miejsca. Pewnej nocy, po wspólnym paleniu fajki, zostają przyjaciółmi. Jak to jest normą w jego kraju, Queequeg oświadcza, że odtąd są "małżeństwem", co oznacza, że każdy z nich musi umrzeć za drugiego, jeśli będzie to konieczne.

Ishmael poświęca cały rozdział na opowiedzenie swojej historii. Queequeg, choć opisywany jest jako poganin, na początku powieści przestrzega Ramadanu. Na pokładzie *Pequoda* jest harpunnikiem Starbuck.

Tashtego

Tashtego, harpunnik Stubba, jest Indianinem pochodzącym z Gayhead, o długich włosach i ciemnych oczach. Jego umiejętność harpunowania odziedziczył po swoich przodkach polujących z łukiem w lasach kontynentu.

Daggoo

Daggoo jest opisany przez Ismaela jako "gigantyczny, czarny jak węgiel Murzyn-oszust, z lwim bieżnikiem" (Rozdział 27). Nosi duże złote kolczyki i zapisał się na polowanie na wieloryby jako dziecko. Jego duży rozmiar kontrastuje z małością Flaska, dla którego jest harpunnikiem.

Fedallah

Fedallah, który jest pochodzenia perskiego i opisany jako "starzec z białym turbanem" (rozdział 48), jest harpunnikiem kapitana Ahaba. Jego obecność na pokładzie nie jest wspomniana na początku książki; pojawia się dopiero w czasie polowania na wieloryby, w rozdziale 50. Nie jest lubiany przez Stubba i Flaska, którzy widzą w nim "diabła w przebraniu" (rozdział 73).

ANALIZA

NARRACJA POLIFONICZNA

Powieść Melville'a jest polifoniczna w etymologicznym sensie tego słowa: zawiera właściwie "wiele głosów". Nie tylko głosy różnych narratorów, ale jeden głos narratora używającego różnych niuansów: ton narracji zmienia się w zależności od okoliczności. Czasem czytelnik spotyka się z poważnym i moralizatorskim tonem księdza na ambonie, czasem z surowym stylem marynarzy, zdolnych jednak do pewnych lirycznych muskulatur, jak wtedy, gdy Ismael opisuje krajobraz i wrażenia z żeglugi:

> *"Ogromne fale wszechmocnego morza; ich gwałtowny, pusty ryk, gdy toczyły się wzdłuż ośmiu nadbrzeży, jak gigantyczne misy w bezkresnym bowlingu; krótka agonia łodzi, gdy przechylała się na chwilę na podobnej do noża krawędzi ostrzejszych fal, które niemal groziły przecięciem jej na pół; nagłe głębokie zanurzenie w wodnistych polanach i zagłębieniach; ostre ostrogi i gwizdy, by zdobyć szczyt przeciwległego wzgórza; gwałtowny, podobny do sań zjazd w dół po jego drugiej stronie; wszystko to, wraz z okrzykami wodzów i harpunników, i drżącymi oddechami wioślarzy, z cudownym widokiem Pequoda z kości słoniowej, który z wyciągniętymi żaglami przyglądał się łodziom, jak dzika kura swemu krzyczącemu potomstwu; wszystko to było porywające"* (rozdział 48).

Ton jest czasami filozoficzny. Narrator, Ismael, zdaje się tracić czas na inny rodzaj śnienia, monolog wewnętrzny, poprzez który zastanawia się nad swoim stanem, nad podróżą i celem, na który polują, jak to ma miejsce na początku rozdziału 49. Humor i ironia są również obecne na statku, jak na przykład wtedy, gdy Ishmael, po wyciągnięciu z wody, zatrzymuje Stubba, zanim ten kontynuuje swoją wolę:

Panie Stubb, chyba słyszałem, jak mówił pan, że ze wszystkich wielorybników, jakich pan spotkał, nasz główny oficer, pan Starbuck, jest zdecydowanie najbardziej ostrożny i rozważny. Przypuszczam więc, że wejście na latającego wieloryba z postawionym żaglem w czasie mgły jest szczytem dyskrecji wielorybnika? (Rozdział 49).

Wreszcie, poezja i romantyzm nie są przez Melville'a ignorowane i pojawia się w opisach morskich krajobrazów.

SYMBOLIZM RELIGIJNY

Powieść Melville'a jest symboliczna na wiele sposobów. Z jednej strony, poprzez jego liczne odniesienia do Biblii: rzeczywiście, co powiedzieć o imionach bohaterów, inspirowanych niektórymi bohaterami z historii Starego Testamentu? Mamy Izmaela, nieślubne dziecko Abrahama i z tego powodu odrzucone przez wszystkich i wygnane; Achaba, potępionego króla Izraela, bezbożnego, ponieważ poślubił Jezabel i zbudował jej świątynię boga Baala; czy nawet Eliasza proroka, którego smutnego ostrzeżenia Izmael nie rozumie na początku powieści.

Z drugiej strony, wiara zajmuje ważne miejsce w życiu marynarzy. Na początku powieści Ismael i Queequeg odwiedzają kaplicę, do której przychodzą rodziny zaginionych na morzu marynarzy, aby zebrać myśli, a ambona księdza przypomina dziób statku. W swoim kazaniu ksiądz opowiada im historię Jonasza, proroka, który został połknięty przez ogromną rybę, ponieważ nie wypełnił misji, którą powierzył mu Bóg. Wiara jest więc ważna na lądzie, dla rodzin i bliskich marynarzy, którzy czekają na ich bezpieczny powrót, modląc się o ocalenie od morskich nieszczęść. Ale jest ona również ważna na morzu, ponieważ daje marynarzom coś, czego mogą się trzymać, kiedy wszystko wydaje się stracone. Ta wiara w boską jedność, tę wyższą siłę, która kontroluje świat, wybierając radości i bóle każdego człowieka, ta niewzruszona wiara pociesza ich, gdy po zobaczeniu Moby Dicka wszyscy wsiadają na swoje małe łódki, postanowiwszy dokonać zemsty na kapitanie.

W opowieści widzimy też wiele wyznań religijnych: Chrześcijaństwo jest oczywiście obecne, ale także pogaństwo (nazwa nadana chrześcijanom o wierzeniach politeistycznych) w załodze zagranicznych marynarzy w załodze *Pequoda* oraz kwakryzm (odłam religijny wywodzący się z protestantyzmu, oparty na osobistym praktykowaniu wiary) poprzez oficerów i kapitana Ahaba. Wszystkie te gałęzie myśli religijnej krzyżują się na pokładzie statku, ale wszystkie są zgodne z ideą, że jeden uniwersalny Bóg przewodniczy losowi każdego człowieka.

DZIEWICZY REJS

Powieść Melville'a to także historia dziewiczego rejsu Ismaela. Dla niego jest to wejście na pokład statku, by zapolować na wieloryba.

W czasie podróży bohater szuka pocieszenia, czegoś w rodzaju ojca lub doświadczonego przewodnika, który będzie mu towarzyszył w podejmowanej wędrówce. W *Moby Dicku, czyli Wielorybie,* rolę tę pełni Queequeg, harpunnik. W komicznych okolicznościach spotyka on Ismaela w schronisku i obaj mężczyźni stają się przyjaciółmi; co więcej, łączy ich "małżeństwo", które zmusza ich do wzajemnej troski. Następnie wsiadają na ten sam statek i w końcu, z konieczności, dążą do tego samego celu.

Podczas tego początkowego doświadczenia bohater zostaje wyprowadzony ze świata zwykłego człowieka, świata znanego, świata wygodnego, poprzez wejście na pokład *Pequoda,* aby odkryć nowy świat, którym tutaj jest świat wielorybników. Poluje on godzinami lub całymi dniami na walenie, by je zabić i zebrać owoce (olej, mięso, skórę, spermacet). Podczas eksploracji tego nieznanego uniwersum bohater napotyka wiele trudności: sztormy i tajfuny na morzu, które poważnie sprawdzają determinację marynarzy; całe dni spędzone na wyczekiwaniu na uderzenie wieloryba; utrata przyjaciół. Bohater jest też bliski śmierci: pod koniec rozdziału 48, gdy wielorybnicy śledzą we mgle grupę wielorybów zębatych, łódź Ismaela zostaje uderzona przez jednego z wielorybów, a wszyscy marynarze na pokładzie zostają wrzuceni do morza. Wyciągnięty przez *Pequoda* bohater był bliski śmierci.

Nauka to kolejny ważny etap jego podróży. Bohater musi coś wynieść z tego doświadczenia, musi się rozwinąć po powrocie z podróży, będąc świadkiem tego, co przeszedł. To, co Ismael, a poprzez niego czytelnik, wyniesie z tej podróży, z tego polowania na wieloryby i *na* wieloryba, to fakt, że siły natury zawsze są lepsze od człowieka, który nie może mieć pełnej kontroli nad wydarzeniami życia. Wracamy do symboliki powieści: istnieje siła wyższa, uniwersalny Bóg, który przewodniczy losowi każdego człowieka. Sprzeciwianie się temu przeznaczeniu, tak jak Achab przed utonięciem, jest sprawą przegraną. Taką lekcję musi wynieść z tej przygody Izmael, który uratowany przez siły wyższe, niczym nowy prorok, przemieniony w duszy, ale niezmieniony w ciele, wraca do zwykłego świata, by opowiedzieć o swoim doświadczeniu.

AHAB, DRUGI ODYSEUSZ

W starożytnej Grecji Odyseusz oznacza "gniewny". Czy Ahab nie jest również człowiekiem gniewnym, kierowanym chęcią zemsty na morskim potworze? Porównanie tych dwóch bohaterów jest oczywiście uproszczone, ale absolutnie uzasadnione.

Podobnie jak Odyseusz, bohater *Odysei* (poemat Homera, greckiego poety z 8th wieku p.n.e.), który przemierza morza w poszukiwaniu ojczyzny i w nadziei na odnalezienie swojej żony Penelopy, Ahab przemierza morza w poszukiwaniu obiektu swojego obsesyjnego szaleństwa od czasu ostatniej wyprawy na wieloryby: Moby Dicka, potwornego białego wieloryba, który oderwał mu nogę. Dla tych dwóch bohaterów podróż polega na wędrówce, z niemal niemożliwym celem, który wydaje się oddalać każdego dnia.

Szaleństwo Ahaba rozwija się coraz bardziej, w miarę jak opowieść przybliża go do przedmiotu jego poszukiwań: czasem pozostaje zamknięty w swojej kajucie, mamrocząc i przeglądając mapy w poszukiwaniu najlepszej trasy, czasem, siedząc na pokładzie statku, obserwuje morze, jakby odrętwiało go od pożerającej go wściekłości. Jego monologi i wymuszenia na marynarzach są oznakami szaleństwa, które go pochłania:

> *"Tak pełen był swoich myśli Achab, że przy każdym jednolitym obrocie, który wykonywał, teraz przy głównym maszcie, a teraz przy binnacle, można było niemal zobaczyć, jak ta myśl obraca się w nim, gdy on się obracał, i porusza się w nim, gdy on się poruszał; tak całkowicie opanowała go, rzeczywiście, że wszystko to wydawało się wewnętrzną formą każdego zewnętrznego ruchu.*

'Zauważyliście go, Flask?' szepnął Stubb; 'pisklę, które jest w nim, dziobie skorupkę. Wkrótce wyjdzie.

Godziny mijały, Ahab zamykał się w swojej kajucie, a za chwilę przechadzał się po pokładzie z tą samą intensywną bigoterią w oczach". (Rozdział 36).

Podczas gdy Odyseusz i Achab są porównywalni w planowaniu podróży i wędrówki, są również bardzo różni, nie tylko pod względem ich przeznaczenia, końca, który jest dla nich zarezerwowany w ich odpowiednich historiach. W rzeczywistości, pomimo wszystkich pokus, które pojawiają się przed Odyseuszem podczas jego przygody (syreny czy Circe – czarodziejka, która chce go tam zatrzymać przy sobie), bohater pozostaje silny i oddany swojemu ostatecznemu celowi: odnalezieniu ojczyzny i odzyskaniu żony. Nie ulega licznym atrakcjom podróży, złudzeniom szczęścia, które widzi, i wraca do realnego świata. Jego liczne objazdy nie były daremne, lecz utwierdzały, a nawet potęgowały, jego pragnienie powrotu.

Jest to zupełne przeciwieństwo kapitana Ahaba. Daje się on ponieść swojemu szaleństwu, utrwalonej idei odnalezienia białego wieloryba, który potem być może okazałby się tylko złudzeniem, fantastyczną konstrukcją pojawiającą się przed zbyt długo przebywającymi na morzu marynarzami – a ich wątpliwości byłyby uzasadnione. Zaślepiony nienawiścią i fascynacją do tego morskiego potwora, tonie, dosłownie i w przenośni. W przeciwieństwie do bohatera z *Odysei*, jego podróż była jednokierunkowa i skazana na śmierć.

DALSZA REFLEKSJA

KILKA PYTAŃ DO PRZEMYŚLENIA...

- Powieść Melville'a jest zarówno symboliczna, jak i metafizyczna. Udowodnij to na wybranych przykładach.

- Niektóre rozdziały w książce są skonstruowane jak akty teatralne (wskazówki sceniczne, wymienianie imienia każdego bohatera zanim się wypowie). Jak ta szczególna struktura zmienia odbiór sceny przez czytelnika, w porównaniu z innymi scenami opowieści?

- Jak ta przygoda kształtuje charakter Ismaela i powoduje jego rozwój? Jak nazywamy tego typu historie?

- W *Moby-Dicku, czyli Wielorybie*, oczekiwanie jest bardzo ważne dla wielu bohaterów (Izmaela, Ahaba, członków załogi). Wyjaśnij, dlaczego.

- Co wnoszą do opowieści liczne encyklopedyczne dygresje o wielorybach i świecie łowieckim? W swojej odpowiedzi wykorzystaj fragmenty książki.

- *Moby-Dick, czyli Wieloryb* jest odzwierciedleniem, mikrokosmosem społeczeństwa amerykańskiego w tamtej epoce (początek 19th wieku). Wyjaśnij to w odniesieniu do organizacji załogi i tego cytatu zaczerpniętego z książki: "rodowity Amerykanin liberalnie dostarcza mózgów, reszta świata równie hojnie dostarcza mięśni" (rozdział 27).

- W rozdziale 3 ("The Spouter-Inn"), Ismael, widząc Queequega po raz pierwszy, mówi "Ignorancja jest rodzicem strachu".

Skomentuj to zdanie, analizując rozwój relacji między Izmaelem a Queequegiem. Jak moglibyśmy również zastosować ten cytat do wielu rozdziałów cetologii, które są przeplatane w powieści?

- Pod koniec epilogu, gdy Ishamel widzi zbliżającą się *Rachel, która* przybywa, by go uratować, jest w sumie dość ironiczna. Wyjaśnij to stwierdzenie.

- *Moby-Dick, czyli Wieloryb* był inspirowany prawdziwym życiem autora. Wyjaśnij ten fakt, badając elementy, które mogły mieć na niego wpływ.

- *Moby-Dick, czyli Wieloryb* sam zainspirował wiele adaptacji. Porównaj film Johna Hustona (1956) z oryginalną powieścią.

DALSZE CZYTANIE

WYDANIE REFERENCYJNE

Melville, H. (1983) *Moby-Dick, or The Whale*. California: University of California Press.

BADANIA REFERENCYJNE

Abensour, C. i Goeury, M. (2004) *La littérature nord-américaine*. Paris: Pocket.

Ekspozycje (2016) A la recherche de Moby Dick. Dossier pédagogique. *Bibliothèque national de France.* [Online]. [dostęp 9 września 2016]. Dostępny w: <http://expositions.bnf.fr/lamer/pedago/moby/index.htm>.

Bleton, T. (2016) *Moby Dick:* La rumeur en voyage. *Zone critique.* [Online]. [dostęp 14 sierpnia 2015]. Dostępny w: <http://zone-critique.com/2015/08/14/moby-dick-herman-melville/>.

Herman Melville "Moby Dick". *Revue Indications.*

Niemeyer, M. (2006) *Moby Dick,* un classique américan. *Le magazine littéraire.* [Online]. [dostęp 9 września 2016]. Dostępny w: <http://www.magazine-litteraire.com/mensuel/456/moby-dick-classique-americain-01-09-2006-21971> s. 36.

Richir, M. (1996) *Melville. Les assises du monde.* Paris : Hachette Livre.

Sachs, V. (1970) Le mythe de l'Amerérique et *Moby Dick* de Melville. *Annales. Économies, Sociétés, Civilisations.* [Online]. [dostęp 9 września 2016]. Dostępny w: <http://www.persee.fr/doc/ahess_0395-2649_1970_num_25_6_422299> s. 1547-1565.

ADAPTACJE

Wśród wielu adaptacji dzieła Melville'a warto zwrócić uwagę na:

Moby Dick. (1956) [Film]. John Huston. Dir. USA: Moulin Productions Inc.

Moby Dick. (1998) [miniserial telewizyjny]. Francis Ford Coppola. Dir. Australia: Nine Network Australia.

W sercu morza (In the Heart of the Sea) (2015) [Film]. Ron Howard. reż. USA: Warner Bros.

Chcemy usłyszeć od Ciebie, co się dzieje!
Zostaw komentarz na temat swojej internetowej biblioteki
i podziel się swoimi ulubionymi książkami w mediach społecznościowych!

Wydawca zapewnia o wiarygodności publikowanych informacji, co jednak nie może wiązać się z jego odpowiedzialnością.

www.50minutes.com

Master ISBN: 9782808695305
Papierowy ISBN: 9782808616706
Depozyt prawny: D/2023/12603/1950

Verhaal: © Primento

Projekt cyfrowy: Primento, cyfrowy partner wydawców.